Eva Bade, Cordula Thörner u.a.

ESELSBRÜCKEN

Merksätze, Gedichte
und ganz viel Lustiges

Illustrationen von Meike Haberstock

INHALT

SACHKUNDE

MATHEMATIK

DEUTSCH

SACHKUNDE

Wer gehört zu wem?
So merkst du dir
die Mitglieder der
Tierfamilien:

Schweinerei

Der Frischling sprach zum Ferkel:
„Streifen sind modern!"
Das Ferkel war beleidigt,
das hörte es nicht gern.

„Das sag ich meiner Mama,
die ist ne dicke Sau,
von ihr krieg ich dann Streifen,
das weiß ich ganz genau."

Doch so leicht ist das leider nicht,
fürn Frischling sind die Streifen Pflicht,
denn so was tragen wilde Schweine,
normale Ferkel kriegen keine.

Frischling, Keiler, Bache –
das ist ne Wildschweinsache.
Ferkel, Eber, Sau –
sind Hausschweine. Genau!

Tierkinder

Welpen sind die Hundekinder,
Kälber neugeborene Rinder,
und die Kleinen von den Pferden
nennt man Fohlen hier auf Erden.

Wie heißt die Pferdefamilie?

Die Stute, die Gute,
will das Fohlen holen.
Du weißt es längst:
Der Pferdemann heißt Hengst.

Familie Reh stellt sich vor:

Ohne Witz!
Familie Reh heißt:
Bock, Ricke, Kitz.

Der Maikäfer

Ich war einmal ein Engerling,
ich kroch einmal im Boden.
Da drin kroch ich vier Jahre lang,
jetzt komme ich geflogen.

Ich krabbelte zum Licht empor
und hob mich aus dem Grase.
Jetzt fliege ich als Käfer dir
laut surrend um die Nase.

Josef Guggenmos

Ei

Engerling

Käfer

8

Wie man ein Schmetterling wird

Mit einem Ei fängt alles an,
die Raupe schlüpft und futtert dann
so viele Blätter, wie sie kann.

Sie wächst und wächst und häutet sich,
ein Prachtstück wird sie sicherlich!
Doch erst mal hängt sie sich als Puppe
an einen Zweig, das ist ihr schnuppe.
Dort baumelt sie so hin und her,
doch in der Hülle passiert mehr:
Die Verwandlung ist enorm,
herauskommt eine andere Form!

Was für ein hübsches Flatterding!
Weißt du noch, wie die Wandlung ging?

Ei, Raupe, Puppe, Schmetterling.

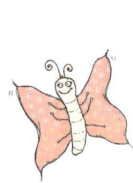

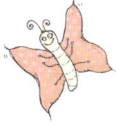

Ameisenkinder

Wer hat Ameisenkinder gesehn?
Können sie nach sechs Tagen schon gehn?
Laufen die Ameisenbabies geschwinder
als zum Beispiel Mistkäfer-Kinder?
Kriegen sie schon einen Klaps auf den Po?
Ach, meine Lieben, die Sache ist so:
Wer Ameisenkinder sah, ganz kleine,
der lügt,
der betrügt!
Es gibt nämlich keine!

James Krüss

Ziehen oder bleiben?

Es wird dunkel, es wird kalt,
in den Süden ziehen bald:
Storch und Schwalbe, Kuckuck, Star,
Kranich, Gans, Pfuhlschnepfe – klar.

Doch es gibt auch Vogelarten,
die bleiben in Wald und Garten:
Amsel, Meise, Sperling, Specht
finden's hier gar nicht so schlecht.
Eichelhäher, Elster, Kleber,
Kauz und Rebhuhn (kennt nicht jeder),
und im Futterhaus füllt auch
der Zaunkönig seinen Bauch.

Klar weißt du, dass manche Vögel im Winter in den Süden fliegen. Doch wer bleibt hier und wer zieht fort?

SÜDEN

11

Jetzt aber mal richtig ...

Zwar schwimmen sie wie Fische im Meer,
doch sind sie Säugetiere – bitte sehr!
Delfine und Wale atmen mit Lungen,
brauchen Luft und Milch
für die Jungen.

Zwar fliegen sie wie Vögel durch die Luft,
doch hängen da Säugetiere in der Gruft.
Fledermäuse besitzen weder Eier noch Nest,
halten kopfüber hängend ihre Jungen fest.

Zwar krabbeln sie wie Insekten an der Wand,
doch haben da Spinnen den Faden gespannt.
Spinnen haben nicht – wie Insekten – sechs Beine,
sie krabbeln mit acht davon über die Steine.

Zwar watscheln sie die Küste entlang,
doch sind sie Vögel, die um ihre Eier bang'.
Pinguine können tauchen und gar nicht fliegen,
es ist aber ein Schnabel, mit dem sie Fisch kriegen.

Kroko-gator? ALLi-dil

Das Krokodil,
das frisst sehr viel.
Und es ist wirklich recht gefährlich,
denn es hat, da bin ich ehrlich,
ein großes Maul mit vielen Zähnen
und die zeigt's nicht nur beim Gähnen.

Denn sogar, wenn's mal nicht frisst
und das Maul geschlossen ist,
kann man alle Zähne sehen,
beim Krokodil bleib bloß nicht stehen!

Der Alligator lächelt prächtig,
die oberen Zähne schimmern mächtig,
die unteren nicht, das wär zu viel –
denn er ist kein Krokodil.

Es gibt zwei Arten von Elefanten. So kannst du sie unterscheiden.

Afrikanische Elefanten haben lange Ohren.

Indische Elefanten haben winzige Ohren.

Verwechsle uns nicht!

Kaninchen und Hasen sind verschiedene Tierarten. Wie unterscheiden sie sich?

Kaninchen haben kurze Ohren,
Hasen wurden mit langen Löffeln geboren.

Zu den Kamelen gehören Dromedare und Trampeltiere. Aber wer hat nur einen Höcker und wer hat zwei?

Die Krötenstraße

Auf dem sonnenwarmen Asphalt
hocken Kröten, abends beim Wald.
Sie haben die Wanderung unterbrochen
und sind auf die warme Fahrbahn gekrochen.
Jetzt sitzen sie da und starren uns an.
Ich bremse, was ich bremsen kann.

Und dann?

Dann steigen wir aus und heben sie auf
und tragen sie die Böschung hinauf.
Die Kröten sind warzig und weich.
Ganz in der Nähe ist ihr Teich,
bald werden sie zu Hause sein.
„Alle gerettet! Steigt wieder ein!"

Georg Bydlinski

Kröten und Frösche
kehren zum Laichen in
ihren Geburtsteich zurück.
Oft ein gefährlicher Weg.

15

Die Tulpe

Dunkel
war alles und Nacht.
In der Erde tief
die Zwiebel schlief,
die braune.

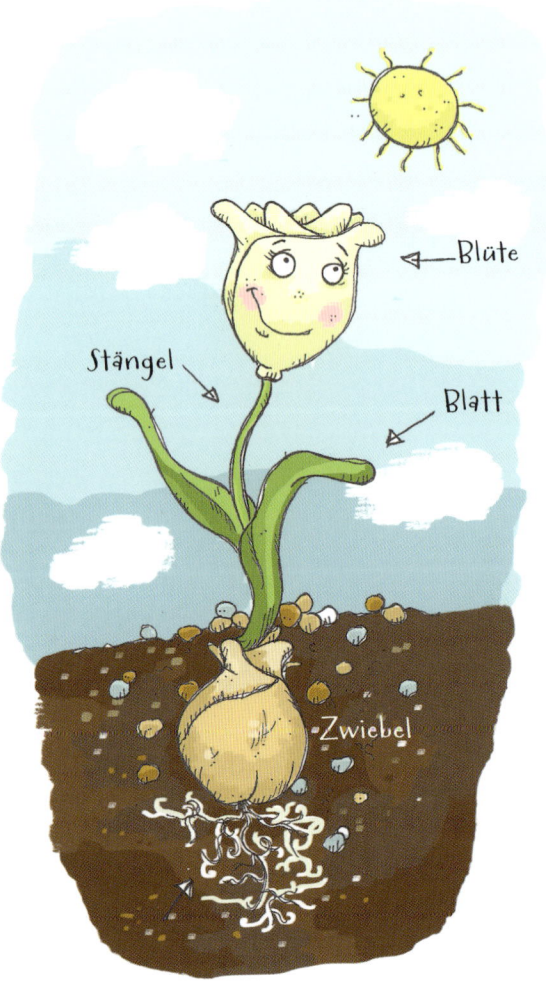

Was ist das für ein Gemunkel,
was ist das für ein Geraune,
dachte die Zwiebel,
plötzlich erwacht.
Was singen die Vögel da droben
und jauchzen und toben?

Von Neugier gepackt,
hat die Zwiebel einen langen Hals gemacht
und um sich geblickt
mit einem hübschen Tulpengesicht.

Da hat ihr der Frühling entgegengelacht.

Josef Guggenmos

16

Der Kastanienbaum

Der Kastanienbaum
hat Knospen,
die klebrig und braun.
Jede Knospe ist eine Faust,
dadrin
hält er verborgen ein Ding.

Zieht der Mai ins Land,
tut er auf jede Hand.
Was kommt da heraus?
Ein Blätterzweig,
und manchmal sogar
ein ganzer herrlicher Blütenstrauß.

Josef Guggenmos

Verblühter Löwenzahn

Wunderbar
stand er da im Silberhaar.

Aber eine Dame,
Annette war ihr Name,
machte ihre Backen dick,
machte ihre Lippen spitz,
blies einmal, blies mit Macht,
blies ihm fort die ganze Pracht.

Und er blieb am Platze
zurück mit einer Glatze.

Josef Guggenmos

17

Die Sommerzeit

Die Uhr wird eine Stunde vorgestellt.

Die Uhr wird eine Stunde zurückgestellt.

Am letzten Sonntag im März werden die Uhren eine Stunde vorgestellt. In jedem Jahr – denn dann beginnt die Sommerzeit. Am letzten Sonntag im Oktober wird die Uhrzeit zurückgestellt.

> **Im Frühjahr stellt man die Gartenmöbel vor die Tür.**
> **Im Herbst stellt man sie zurück in den Schuppen.**

Wie lang sind die Monate?

Mache eine Faust. Du siehst einige Hügel und einige Täler, mit denen kannst du einfach abzählen: Der Januar ist der erste Hügel – er hat 31 Tage.
Daneben: Der Februar (Achtung – er hat besonders wenige Tage, nur 28).

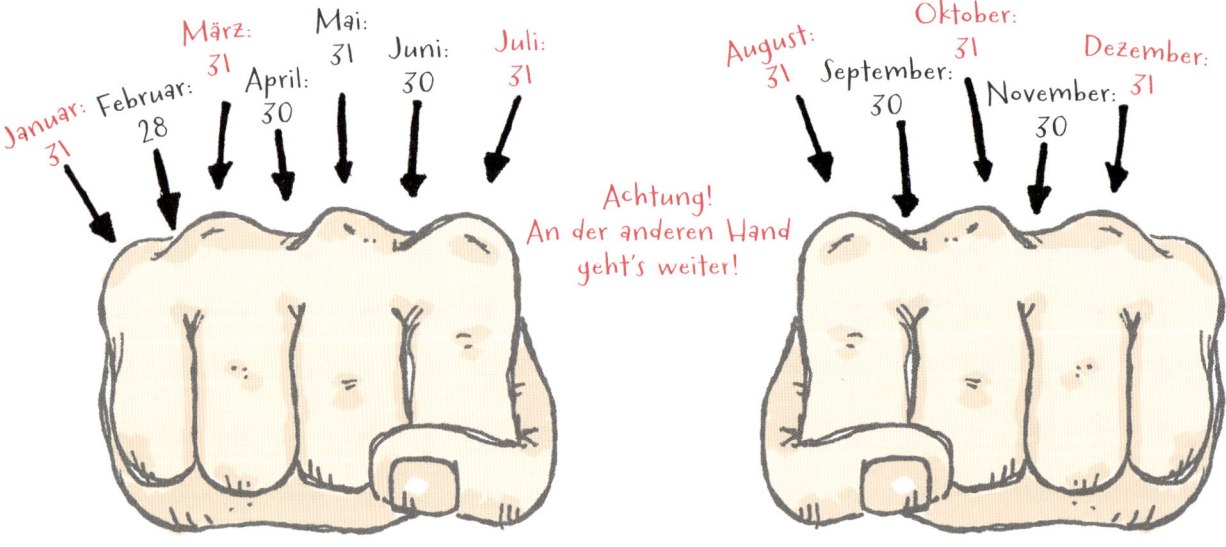

Januar: 31 Februar: 28 März: 31 April: 30 Mai: 31 Juni: 30 Juli: 31

August: 31 September: 30 Oktober: 31 November: 30 Dezember: 31

Achtung!
An der anderen Hand geht's weiter!

Bärenjahr

Januar und **Februar**,
die Bären schlafen, ist ja klar.

März, April und dann der **Mai**,
endlich raus hier (bis um drei).

Juni, Juli und **August**,
baden gehen? Große Lust!

September und **Oktober** dann
ist das große Futtern dran.

November und **Dezember**. Echt?
Jetzt wird es kalt, ihr habt ja Recht.

Und dann beginnt im Januar
wieder von vorn ein neues Jahr.

19

Die Jahreszeiten

Frühling – Ich kann es kaum erwarten,
ich will jetzt in den Garten!
Erste Sonne, Tulpe, Krokus,
du verstehst, dass ich jetzt los muss?
Schneeglöckchen und Osterglocken,
Gänseblümchen, die mich locken.
Grüne Blättchen, warme Luft,
zart der erste Blütenduft.
Vögel, grad zurückgekehrt,
zwitschern völlig unbeschwert.
Es ist März! Da kann man nur
raus in die Natur!

Tulpe, Krokus,
Schneeglöckchen und
Osterglocke
sind Frühblüher.

Im Frühling kehren
die Zugvögel zurück.

Der Frühling beginnt
am 20. März.

Sommer – Bin schon mal losgerannt,
ich will jetzt an den Strand!
Die Tage lang, die Sonne heiß,
Creme muss sein, jaja, ich weiß.
Erd- und Him- und Brombeeren essen,
Eis und Kirschen nicht vergessen.
Schmetterlinge und Libellen
glänzend durch die Lüfte schnellen.
Nur die Mücken nerven mich,
hab schon wieder einen Stich.
Juni, endlich! Ich will nur
raus in die Natur.

Im Sommer geht
die Sonne früher auf
und später unter.

Viele Früchte sind
im Sommer reif.

Aus dem Ei schlüpft
eine Raupe, sie entwickelt
sich zur Puppe und dann
zum Schmetterling.

Der Sommer beginnt
am 21. Juni.

Herbst –
Endlich weht der Wind so stark,
ich will jetzt in den Park.
Eicheln suchen, Drachen fliegen,

Mütze nicht vergessen!

Kastanien finden, Schnupfen kriegen.
Kürbissuppe auf den Tisch,
dazu Pilze, auch ganz frisch.
Abends dann Laterne laufen,

Die Blätter verfärben sich und fallen zu Boden.

mitten durch die Blätterhaufen.
Die Störche ziehn nach Afrika,
ganz genau wie letztes Jahr.
September ist's und ich will nur
raus in die Natur.

Der Herbst beginnt am 22. oder 23. September.

Winter –
Und nun kommt der Winter dran.
Was ich dazu sagen kann?
Mütze, Handschuh, Stiefel, Schal,
Kratzesocken, eine Qual.
Sehr spät hell und sehr früh dunkel,

Die Tage sind im Winter kurz.

in der Nacht mal Sterngefunkel.
Aber dann: Es bimmeln Glöckchen
und es fallen weiße Flöckchen.
Schlitten fahren, Schneemann bauen,
Lieder singen, Plätzchen kauen.
Dezember ist's und lausekalt,
egal: Ich will jetzt in den Wald.

Der Winter beginnt am 21. oder 22. Dezember.

Merkur · Venus · Erde · Mars · Jupiter · Saturn · Uranus · Neptun

Die Planeten

Mein **V**ater **e**rklärt **m**ir **j**eden **S**onntag **u**nseren **N**achthimmel.

Merkur **V**enus **E**rde **M**ars **J**upiter **S**aturn **U**ranus **N**eptun

Wie heißen die acht Planeten unseres Sonnensystems? Vielleicht hat dir das dein Vater schon mal erklärt. Sonst hilft dir dieser Spruch dabei, dir ihre Namen und ihre Reihenfolge, von der Sonne aus gesehen, zu merken.

22

Mond

Treuer Begleiter

Ich hab da mal so eine Frage!
Wer braucht 29 Tage
für eine Runde um die Erde
seit Jahrmillionen ohne Beschwerde?

Zuerst rund und wunderschön,
macht alles hell, kannst alles seh'n.
Dann verschwindet
(mit welcher Macht?)
rechts ein Stückchen Nacht für Nacht.

Wird zur Sichel zwei Wochen später.
Wie kann das sein, wer war der Täter?
In der Nacht darauf,
da fehlt jedes Licht.
Ich such ihn, doch ich find ihn nicht.

Dann wieder die Sichel,
doch andersherum.
Was ist los? Spukt's im Universum?
Nacht für Nacht wird er links runder.
Welch ein Schauspiel, was ein Wunder.

Dann wieder rund und wunderschön.
Macht alles hell, kannst alles seh'n.
Wie heißt der treue Erd-Begleiter
und beste Außendienstmitarbeiter?

Trick:
In welche Richtung zeigt die Sichel
bei abnehmendem und in welche bei
zunehmendem Mond?

Nimmt der Mond zu,
zeigt er dir ein Du.

23

Tierkreiszeichen

Widder

Stier

Zwillinge

Krebs

Löwe

Jungfrau

Waage

Skorpion

Schütze

Steinbock

Wassermann

Fische

So merkst du dir die Reihenfolge der Tierkreiszeichen.

Wieder stieren **zwei** krebsende Löwen-Junge: **Wagen** die Skorpione die schützenden Steine aus dem **Wasser** zu fischen?

Die Himmelsrichtungen

4

Am Stand der Sonne kannst du die Himmelsrichtung bestimmen. Wann sie wo steht, erklärt dieser Spruch:

im Norden ist sie nie zu sehen.

3

1

im Westen wird sie untergehen,

Im Osten geht die Sonne auf,

im Süden ist ihr Mittagslauf,

2

Merke dir die Reihenfolge der Himmelsrichtungen im Uhrzeigersinn mit diesem Spruch:

Nie ohne Seife waschen

Norden – Osten – Süden – Westen

Die sieben Kontinente

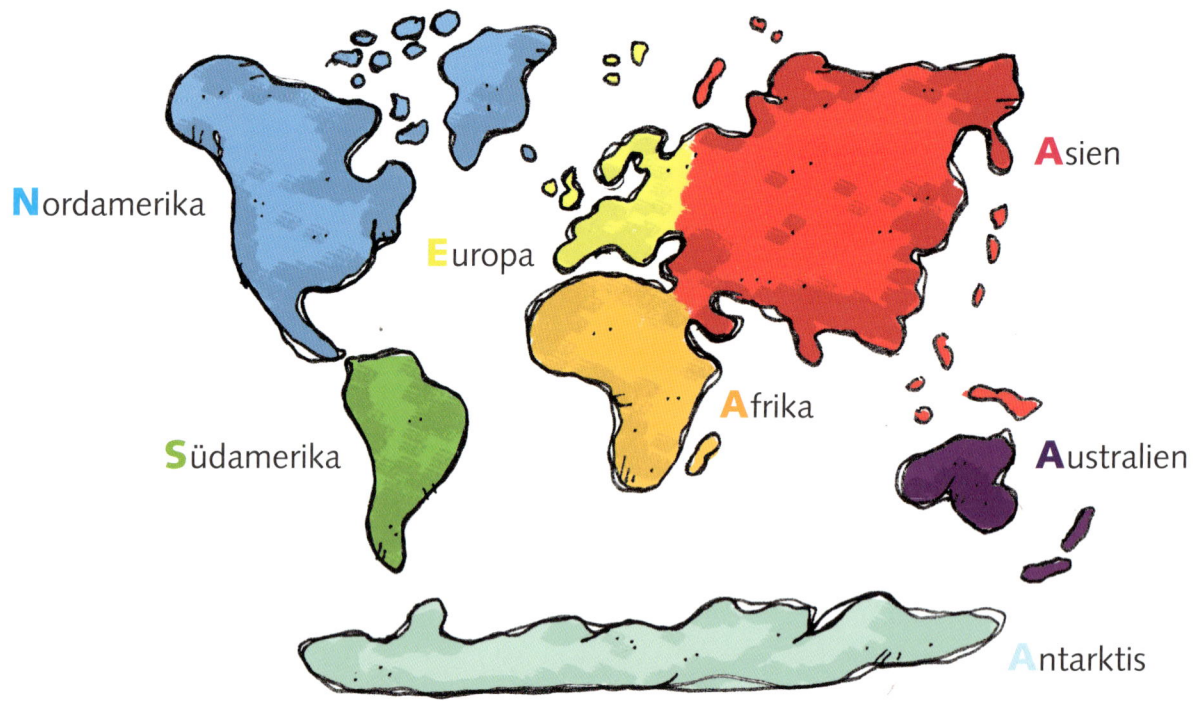

Nordamerika

Europa

Asien

Südamerika

Afrika

Australien

Antarktis

Süße Nordamerikanische Affen Angeln Europäische und Asiatische Austern.

Niemand spuckt einfach Affen aus Asien an.

Was ist oben – und was ist unten?

ARKTIS
(Norden)

(Westen)

(Osten)

ANT-
ARKTIS
(Süden)

Wo liegt die Antarktis? Und wo die Arktis?

Die Antarktis ist unten.

unten = Süden

Eisbären und Pinguine treffen sich nie, denn Eisbären leben am Nordpol und Pinguine am Südpol.

Von zweien, die sich nie treffen

Am Südpol auf blitzblankem Eis
sieht man Pinguine im Kreis.
Am Nordpol, lieber vom weiten,
Eisbären die Gegend durchschreiten.

27

Deutschlands Nachbarn

Deutschlands Nachbar-
länder im Uhrzeigersinn
heißen:
Dänemark, Polen, Tschechien,
Österreich, Schweiz,
Frankreich, Luxemburg,
Belgien, Niederlande.

Der **P**irat **t**auscht **ö**lig
schimmernden **F**isch **l**ieber **b**ei **N**acht.

Ostfriesische Inseln

Die Ost-
friesischen Inseln heißen:
Wangerooge, Spiekeroog,
Langeoog, Baltrum, Norderney,
Juist, Borkum.
Suche dir aus, in welcher Richtung
du die Reihenfolge der sieben
Ostfriesischen Inseln lernen
willst.

Osten

Westen

Inseln von Ost nach West

Welcher **S**eemann **l**iegt
bis **n**eun **i**m **B**ett?

Inseln von West nach Ost

Beim **J**oggen **n**icht
blöd **l**achen,
sondern **w**eitermachen.

Was wir ändern müssen in Deutschlands längsten Flüssen:

Dies sind die längsten Flüsse Deutschlands.

Rhein, Weser, Elbe –
überall dasselbe …
Donau, Main und **Saale**

… nirgends gibt es Wale!
Auch in **Spree, Ems** und **Neckar**
sind sie leider furchtbar rar.

Rekorde in Deutschland

Die größte deutsche Insel? Ohne Lügen?
Liegt in der Ostsee und heißt **Rügen**.

Der höchste deutsche Berg – ohne Witze:
mit fast 3000 Metern die **Zugspitze**.

Ich verrat – ohne Jägerlatein:
In Deutschland fließt am längsten der **Rhein**.

Der allergrößte See Deutschlands – ach nee –
ist von der Fläche her der **Bodensee**.
Doch den teilen wir mit Schweiz und Österreich:
Darum gewinnt die **Müritz** den Vergleich.

29

Schleswig-Holstein

Niedersachsen

Nordrhein-Westfalen

Hessen

Bremen

Schnelle **Ha**sen **nie**sen besonders **n**ass **h**eute,

Hamburg

Thüringen

Rheinland-Pfalz

Baden-Württemberg

reinliche **Saar**länder **b**rutzeln **bay**rische **Thüring**er,

Bayern

Saarland

Berlin

Sachsen-Anhalt

Mecklenburg-Vorpommern

satte **Anhalt**er **b**runchen **bei** McPommes.

Sachsen

Brandenburg

Bundesländer-Limericks

Im Nebel trieb ein Surfer aus **Kiel**
auf seinem Brett, er sah nicht mehr viel.
Ach, wenn er wüsste:
Ganz nah war die Küste.
Schleswig-Holstein – das wäre sein Ziel.

Man muss – so las ich im Magazin –,
ob **Hamburg**, **Bremen** oder **Berlin**:
In allen Stadtstaaten
beim Zahnarzt lang warten.
Gut so – dann lass ich's mit dem Termin …

Um die Taille enorm gewachsen
war ein Dackel aus **Niedersachsen**.
Er folgte dem Trieb,
doch stecken er blieb
bei **Hannover** im Bau von Dachsen.

Ein Angler aus **Nordrhein-Westfalen**
konnte es nicht lassen zu prahlen.
Erzählte von Hai'n
in **Düsseldorf**s Rhein
und seinem Ritt auf weißen Walen.

Im Einkaufszentrum in **Wiesbaden**
betrat ein Mädchen jeden Laden.
Völlig versessen,
Kaufrausch in **Hessen**!
Ihr Sparschwein erlitt großen Schaden.

Es aß ein Schulkind in **Rheinland-Pfalz**
in der Mathestunde Brot mit Schmalz.
Der Lehrer aus **Mainz**
sagt: „Üb's 1 x 1!"
Nahm das Brot, biss ab und bat um Salz.

Einem Fußballer aus **Saarbrücken**
wollte der Elfmeter nicht glücken.
Schoss weit übers Tor
und **Saarland** verlor.
Musste nach dem Spiel sich verdrücken.

Am Neckar in **Baden-Württemberg**
steht in **Stuttgart**s Beet ein Gartenzwerg.
Doch jetzt! Nein, o nein,
pinkelt er rein!
Lacht mir zu, scheinbar stolz auf sein Werk.

Es war mal ein Maler aus **München**,
der wollt seine Hauswand neu tünchen.
In **Bayern** dies war,
und was dann geschah?
Auf den Pinsel machte sein Hündchen.

Es buk ein Konditor aus **Erfurt**
eine Hochzeitstorte, doch die wurd
in **Thüringen**s Nacht
zu Haus acht gebracht.
Zehn wartete, in acht lachte Kurt.

Es hörte ein Jäger in **Sachsen**
in **Dresden** im Stadtpark was knacksen.
Er schrie laut vor Schreck!
Ein Täubchen flog weg!
Sein Jagdinstinkt muss wohl noch wachsen.

Das Bein brach sich in **Sachsen-Anhalt**
ein Jogger mitten im finstren Wald.
Doch kam ein Chirurg
mit Ziel **Magdeburg**
vorbeigerannt, der Jogger schrie „Halt!".

Vor dem Kirchenportal in **Potsdam**
steht schick im Anzug ein Bräutigam.
Wartet seit Stunden,
die Braut ist verschwunden
mit dem **Brandenburg**er namens Tramm.

Mecklenburg-Vorpommern liebte ihn:
den neuen Postboten aus **Schwerin**.
Malte auf jeden Brief
ein Herzchen-Motiv.
Der hat ihn aufgehalten, der Spleen.

Das Wasser

Vom Himmel fällt der Regen
und macht die Erde nass,
die Steine auf den Wegen,
die Blumen und das Gras.

Die Sonne macht die Runde
in altgewohntem Lauf
und saugt mit ihrem Munde
das Wasser wieder auf.

Das Wasser steigt zum Himmel
und wallt dort hin und her,
da gibt es ein Gewimmel
von Wolken grau und schwer.

Die Wolken werden nasser
und brechen auseinander,
und wieder fällt das Wasser
als Regen auf das Land.

Der Regen fällt ins Freie
und wieder saugt das Licht.
Die Wolke wächst aufs Neue,
bis dass sie wieder bricht.

So geht des Wassers Weise:
es fällt, es steigt, es sinkt
in ewig gleichem Kreise
und alles alles trinkt.

James Krüss

Das Wasser der Erde befindet sich im Kreislauf. Es verdunstet und steigt als Gas auf. Wenn sich Wolken bilden, fällt das Wasser als Regen oder Schnee wieder auf die Erde, und irgendwann verdunstet es erneut ...

34

Wie Wasser sein kann

Wasser kann flüssig, gasförmig oder fest sein.

Mit Wasser kann man waschen. – Klar!
Wasser kann man naschen. – Na ja ...
Wasser kann auch überraschen.– Aha?

Wasser gibt es nämlich dreimal: – Wie das?
Flüssig fließt es runter ins Tal. – Ach was ...
Bei 100 Grad wird zu **Gas** der Strahl. – Krass!

Und wenn sie fällt, die Temperatur – Dann?
... bei null Grad gibt es **Eis** pur. – Wann?
Drei Zustände, das kann Wasser nur. – Mannomann!

Der Regenbogen

Ein Regenbogen,
komm und schau!
Rot und orange,
gelb, grün und blau!

So herrliche Farben
kann keiner bezahlen,
sie über den halben
Himmel zu malen.

Ihn malte die Sonne
mit goldener Hand
auf eine wandernde
Regenwand.

Josef Guggenmos

35

Was Luft alles kann

Luft ist nichts? Moment einmal!
Luft ist ABSOLUT genial!

Luft kann etwas bremsen, langsamer machen.
So muss ein Fallschirm nicht zu Boden krachen.
Halt mal mit ne Pappe vor dich beim Sprint,
du erreichst das Ziel wohl nicht so geschwind.

Luft ist stark, kann etwas tragen.
So kannst du dich ins Schlauchboot wagen.
Puste einen Luftballon nur halb auf
und probier es: Setz dich mal drauf!

Her mit der Waage, Luft hat Gewicht.
Drückt ständig auf uns, wir merken es nicht.
Der pralle Ballon wird beim Wiegen
gegen den leeren sicherlich siegen.

Luft braucht Platz, bei Wärme noch mehr.
Warme Luft dehnt sich aus; schau her:
Leg ein Geldstück auf ne Flasche – leer und eiskalt,
erwärm sie mit den Händen, dann siehst du es bald.

Luft ist nichts? Moment einmal!
Besonders ihr Sauerstoff ist genial!

Was Feuer braucht

Zur Feuerentstehung sind Sauerstoff, brennbares Material und Wärme erforderlich. Sie bilden das „Verbrennungsdreieck".

Ein knisterndes Feuer
ist uns lieb und teuer.
Einen lodernden Brand
mag niemand.

Soll ein Feuer leben,
muss es drei Dinge geben:

Man braucht **brennbares Material,**
Holz, Stoff, Papier – egal.

Ohne **Sauerstoff** geht es nicht,
keine Flamme, Wärme, kein Licht.

Auch brennt ein Feuer nur
bei einer bestimmten **Temperatur.**

UN-Sinn

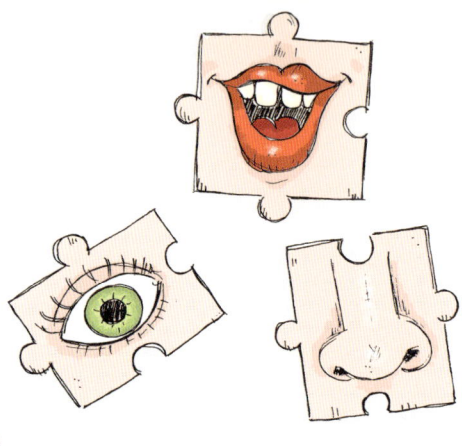

Mit den Augen kann ich schmecken,
mit dem Mund guck ich um Ecken,
ich rieche mit dem Ohr.

Stimmt etwas daran vielleicht nicht?
Ich prüfe jetzt mal mein Gesicht
und komm dann später wieder …

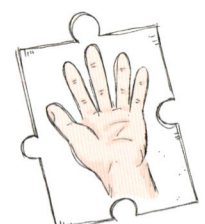

Meine Haut hört laut und leise,
Die Nase fühlt auf ihre Weise –
hm, das kommt mir komisch vor.

Wem tut kein Zahn weh?

Heute hatte Arbeit,
fast zuviel,
Tierzahnarzt Max Halifax.
Tiger, Zebra,
Bär und Krokodil,
Hirsch, Frosch, Kalb,
Fuchs und auch Dachs,
Nilpferd, Pony,
Has und Reh
kamen an:
„Ein Zahn tut weh!"

So riefen sie
und klagten sehr.
Einer hat geschwindelt.
Wer?

Josef Guggenmos

38

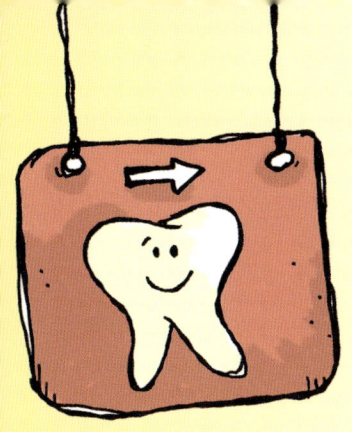

Erst K, dann a, dann i

„Zähne putzen?", fragt der Kai,
„ich weiß nicht, wie das geht.
Und außerdem", gähnt er dabei,
„ist es schon viel zu spät."

Der Zahn kann's gar nicht fassen,
er wird jetzt nicht geputzt?!
Sind Kai denn alle Tassen
im Kopf herumgerutscht?

„Das ist doch wirklich babyleicht!
Erst **K**, dann **a**, dann **i:**
Kaufläche, **a**ußen, **i**nnen – das reicht.
So was vergisst man nie.

Drei Minuten ist der Kai
nun dabei.
Jetzt hat er's garantiert
kapiert.

Putz wie Kai!
Erst die Kauflächen,
dann die Zahnaußenseiten
und zum Schluss die Zahn-
innenseiten. Zweimal am Tag
drei Minuten lang putzen
– schon bist du fertig!

39

Verkehrsregeln

Zeige den Autofahrern am Zebrastreifen klar und deutlich, wenn du die Straße überqueren willst.

Zeichen geben – länger leben.

Vergewissere dich, dass die Straße frei ist und überquere sie auf dem kürzesten Weg.

Erst links, dann rechts, dann geradeaus, so kommst du sicher gut nach Haus.

Kennst du dich mit Verkehrsschildern aus? Merke dir:

Rund und rot heißt Verbot.

Musst du mal auf der Straße oder einem befahrenen Weg gehen, dann denk daran, auf der linken Seite zu bleiben, denn:

Links gehen – Gefahr sehen.

Schiffsschau

Weißt du es schon? Ich weiß sehr viel:
Das Untere vom Schiff heißt Kiel.
Das Hintere, das nennt man Heck.
Der Käpt'n steht gebannt an Deck
und schaut im Glas nach steuerbord,
denn rechts, da liegt sein Lieblingsort.

So merkst du dir, wo links und wo rechts beim Schiff ist:

Steuerbord = rechts

ackbord = links

41

Die Instrumente stellen sich vor:

Die Streicher

„Kommt, wir gründen eine Band!",
ruft ein dickes Instrument.
Die Flöte trällert: „Das ist Mist.
Ich weiß noch nicht mal, wer du bist."
Das dicke Ding seufzt: „Interessant.
Die Geige ist mit mir verwandt.
Die Bratsche und das Cello auch,
guck doch nur auf unseren Bauch.
Durch Streichen mit dem Bogen
entsteht die Melodie,
doch ohne unsere Saiten
könnten wir das nie.
Ich kling so gut, da wirst du blass.
Ich bin ein echter Kontrabass."

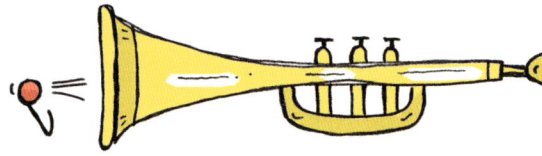

Die Blechbläser

Schlechte Laune

Für viele herrliche Momente
sorgen Blechblasinstrumente.
Trompete, Tuba und das Horn
klingen laut in unseren Ohr'n.

Nur die Posaune
hat schlechte Laune:
Ihr Name mit „Po"
gefällt ihr nicht so.

Was ist das für ein Tastenkasten?

88 Tasten
sind in meinem Kasten.
36 schwarze, 52 weiße.
Weißt du, wie ich heiße?
Kla-fünf? Kla-drei?
Kla-sechs? Kla-zwei?
So ein Unsinn, glaube mir:
Ich bin das Kla-vier.

Schlaginstrumente

Mann, was ist das für ein Lärm?
So was hör ich gar nicht gern.
Trommel, Pauke, Bongo, Becken –
müsst ihr mich denn wirklich wecken?
Ich weiß, man kann euch mächtig schlagen
und genau das werd ich wagen.
Passt bloß auf, ich rat euch: Rennt!
Ich schlag auf jedes Instrument!

Ihr müsst üben!

„Das klingt alles ganz schön schräg,
ich finde, dass es so nicht geht",
seufzt genervt die Klarinette.
„Besser wär's, die Flöte hätte
mehr geübt und könnte nun
schöne, klare Töne tun."
„Ich spiel gut und ziemlich flott",
sagt das muntere Fagott.
Auch die Oboe mag ihr Spiel:
„Zu verbessern gibt's nicht viel."
Der Dirigent ruft: „Seid jetzt still,
weil ich etwas sagen will:
Keine weitren Argumente,
jetzt spielt, ihr Holzblasinstrumente!
Übt die schöne Melodie,
sonst klappt unser Vorspiel nie."

Wir unterscheiden
fünf Instrumentenfamilien:
• Holzblasinstrumente
• Blechblasinstrumente
• Schlaginstrumente
• Saiteninstrumente
• Streichinstrumente

Violin-Schlüssel

Wie heißen die Noten in den Zwischenräumen der Linien? Ist das nun ein C oder ein E? Denk an Fritz, dann kannst du sie dir ganz einfach merken:

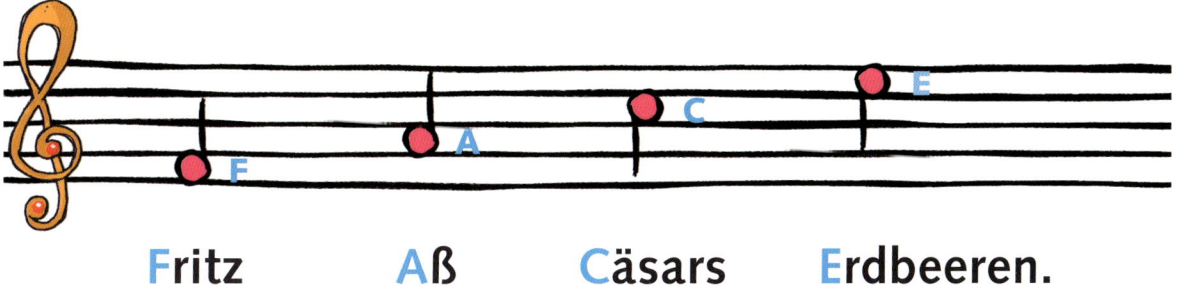

Fritz   **A**ß   **C**äsars   **E**rdbeeren.

Und wie heißen die Noten auf den Notenlinien? Stell dir vor: Eine Gans mit dicken Füßen spaziert über die Linien:

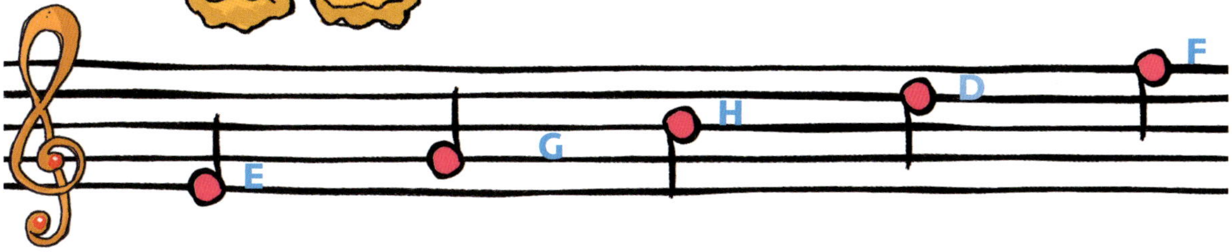

Eine   **G**ans   **H**at   **D**icke   **F**üße.

Bass-Schlüssel

Auch für die Noten in den Zwischenräumen der Linien im Bass-Schlüssel gibt es ein schönes Bild, das dir hilft: In den Zwischenräumen kullern Erbsen herum, die Clowns haben nicht aufgepasst.

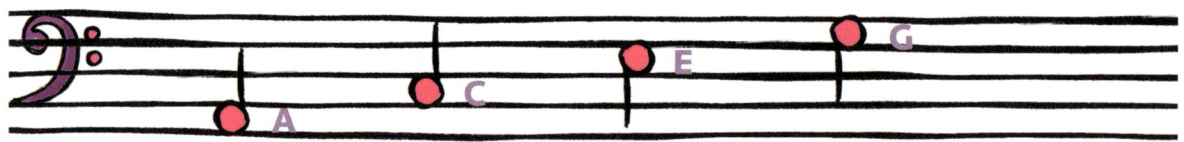

Alle **C**lowns **E**ssen **G**emüse.

Und wie ist die Reihenfolge der Notenlinien im Bass-Schlüssel? Denk an Gustav, der sich schick gemacht hat:

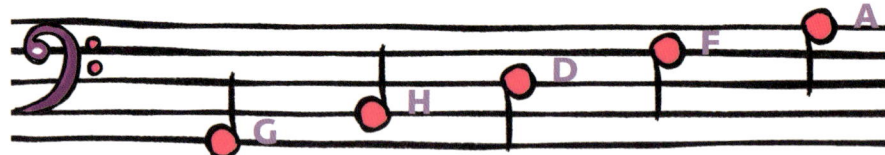

Gustav **H**at **D**en **F**rack **A**n.

Spielst du Gitarre? Dann musst du dir die Namen der Saiten merken. Wenn mal eine reißt, kann ein alte Dame dir eine neue Saite vom Einkaufen mitbringen, denn:

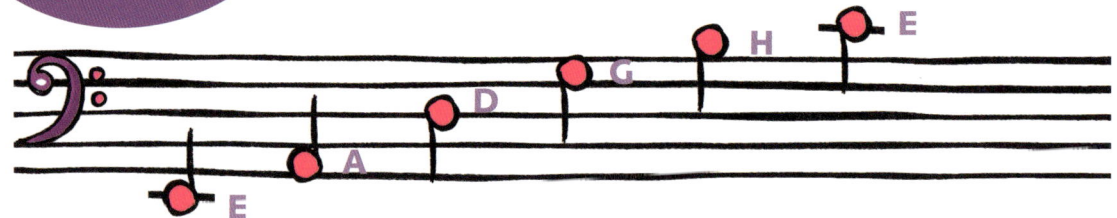

Eine **A**lte **D**ame **G**eht **H**eute **E**inkaufen.

MATHE

Die Addition

Summand plus **Summand**

wird **Summe** genannt.

Tauschst du die Summanden aus,

macht's der Summe gar nichts aus.

Plusrechnen = Addieren

Summand	+	Summand	=	Summe
8	+	2	=	10
2	+	8	=	10

Die Subtraktion

Beim Abziehen, ich weiß nicht, ob du's kennst:

Minuend minus **Subtrahend** gleich **Differenz.**

Minusrechnen = Subtraktion

Minuend	−	Subtrahend	=	Differenz
8	−	2	=	6

Die Multiplikation

Rechne **mal**, hier steht's gedruckt:

Faktor mal **Faktor** gleich **Produkt**.

Oder:

Das habe ich mir **mal** abgeguckt:

Faktor mal **Faktor** gleich **Produkt**.

Malnehmen = Multiplizieren

Faktor x Faktor = Produkt

8 x 2 = 16

Die Division

Ich **teile** euch mit, falls ihr es nicht kennt:

Dividend durch **Divisor** gleich **Quotient.**

Teilen = Dividieren

Dividend : Divisor = Quotient

8 : 2 = 4

Teilen durch Null?

> **Liebe Leute, groß und klein,**
> **geteilt durch Null lasst besser sein.**

Immer der Reihe nach

Die Klammer sagt: „Zuerst komm ich!"

Denk ferner dran: „Stets Punkt vor Strich."

Und was noch nicht zum Rechnen dran,

das schreibt man unverändert an.

Die schlimmste Aufgabe!

7 x 8! Die ist fies.

8 x 7? Richtig mies.

56! Merk es dir!

56! Sag es mir!

Acht-und-vierzig

Sechs Spinnen im Morgentau,
im Licht seh ich sie haargenau.
Achtundvierzig Spinnenbeine
und ich weiß von ganz alleine:
6 x 8 ist achtundvierzig.

Spinnen haben acht Beine.

48

Acht Fliegen im Abendlicht,
am Fenster bei guter Sicht.
Achtundvierzig Fliegenbeine
und ich weiß von ganz alleine:
8 x 6 ist achtundvierzig.

Fliegen haben sechs Beine.

48

8 x 6 ist 6 x 8,
hättste das gedacht?

Beim Multiplizieren ist es egal,
welcher Faktor an welcher Stelle steht,
das ist das Kommutativgesetz.

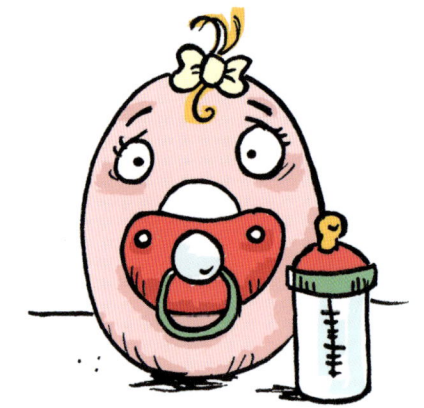

Zahlenre4e
Kleiner Streit

„Ich bin **2**fellos größer als du",
sprach zum Einer der Zweier.

„**3**ster Kerl, prahle nicht so!",
knurrte der größere Dreier.

„Und ich!", rief der Einer, „bin zwar der Kl**1**te,
aber dafür bestimmt auch der F**1**te."

„Nein, mir gibt man sogar noch den Sch**0**ller",
piepste der Nuller.

Hans Manz

DEUTSCH

ABC

A B C
Der Hase sitzt im Klee.

D E
F G H
Der Hase sitzt noch immer da.

I K
Wer kommt da?

L
So schnell?

M und **N**
Das ist einer, den ich kenn!

O
Der Hase lief davo…

P Q
R S T
U V W X Y
Der Has' lief wie der Blitz davon.

„Oh, wenn ich ihn hätt!",
ruft der Fuchs.
Z.

Josef Guggenmos

54

Das Z gehört zum Alphabet

Das Z gehört zum Alphabet,
auch wenn es ganz am Ende steht.
Am Ende steht es auch bei Herz,
bei Holz, bei Pilz, bei Netz, bei Schmerz.
Doch manchmal, wie bei Zwerg und Zorn,
da steht das Z im Wort ganz vorn.
Im Zahnweh und im Zwiebelkuchen
muss man das Z nicht lange suchen.
Dagegen wird es kaum entdeckt,
wenn es sich gut im Wort versteckt.
So bei den fünfzehn schwarzen Katzen
und ihren dreißig schwarzen Tatzen.

Ganz stolz erzählt das Zirkuszelt,
dass es sogar zwei Z enthält.
Erstaunt fragt da der Grizzly-Bär,
ob dies denn was Besondres wär.

Paul Maar

Quitt mit dem Q

Ene, mene, mark –
quetschen, Quelle, Quark,
ene, mene, mu,
schreiben ich und du mit qu.

Ene, mene, malle –
quatschen, quieken, Qualle,
ene, mene, mu,
schreiben ich und du mit qu.

Ene, mene, miss –
quaken, quälen, Quiz,
ene, mene, mu,
schreiben ich und du mit qu.

Ene, mene, mirl –
Quadrat, Quartett, Quirl,
ene, mene, mu,
schreiben ich und du mit qu.

Ene, mene, malm –
quengeln, Qual und Qualm,
ene, mene, mu,
schreiben ich und du mit qu.

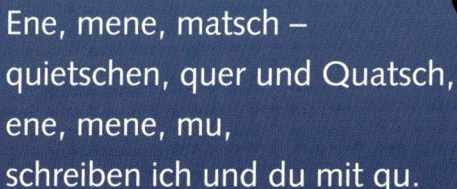

Ene, mene, matsch –
quietschen, quer und Quatsch,
ene, mene, mu,
schreiben ich und du mit qu.

56

Der i-Wort-Rap zum Auswendiglernen

Leute, hört euch an die Kunde,
das lange I macht hier die Runde.
Ihr schreibt's hier ohne Dehnungszeichen –
ein wenig Lernen dürfte reichen.

Ein Kompott aus **Apfelsinen**
schmeckt noch besser mit **Rosinen**.
Vom Zucker nimmst du nur ne **Prise**,
dann kriegt dein Zahnarzt keine **Krise**.
Den i-Wort-Rap, den lernen **wir**,
er hilft uns allen, **dir** und **mir**.

Der kleine Fritz hat ne **Kusine**,
die baute ihm eine **Maschine**.
Für dies Gerät taugt kein **Benzin**,
man füllt hinein nur **Medizin**.
Den i-Wort-Rap, den lernen **wir**,
er hilft uns allen, **dir** und **mir**.

Benutze keine **Bleistiftmine**
als Bogen für die **Violine**.
Das kannst du lesen in der **Fibel**,
doch nicht beim Pastor in der **Bibel**.
Den i-Wort-Rap, den lernen **wir**,
er hilft uns allen, **dir** und **mir**.

Kater Tom frisst die **Sardine**,
nutzt als Schaukel die **Gardine**.
Oma sagt: „Er ist ein **Tiger**,
nagt am Holz ganz wie ein **Biber**."
Den i-Wort-Rap, den lernen **wir**,
er hilft uns allen, **dir** und **mir**.

Carmen Nickel-Hammer

57

Ein Fremdling unseres Alphabets

Das V (für unser Abc
ein etwas fremdes Wesen),
es ist bei Vase ein W,
bei Volk ein F zu lesen.

Als Fremdling hat's manch Fremdwort hier
gebracht seit alten Zeiten.
Ich nenn ein paar und sage dir
zugleich, was sie bedeuten.

Vampire, heißt es, saugen Blut,
Vanille gibt Aroma,
Vulkane speichern Lavaglut,
Vitrinen Kram von Oma.

Bei Violinen geigt es fein,
von der Viola tiefer,
Veranden sammeln Sonne ein,
vor Villen wächst die Kiefer.

Ventile lassen Druckluft ab,
Ventilatoren lüften,
vom Video kommt Lärm, nicht knapp,
von Vasen meist ein Düftchen.

Vom Videorekorder kann
viel aufgenommen werden.
Versöhnlich tönt's im Vatikan
vom Frieden hier auf Erden.

Das V (für unser Lexikon
ein etwas fremdes Wesen),
es hat für uns seit eh und je
manch Fremdwort aufgelesen.

Es brachte Wörter her.
Wir danken dafür sehr.

James Krüss

Das V klingt bei
vielen Wörtern wie w.
Da der Klang der Laute dann
nicht unterschieden werden kann,
müssen die V-Wörter
gelernt werden.
Dieses Gedicht hilft
dir dabei.

59

> **„Vor-" und „ver-" schreibt jeder Herr**
>
> **und jede Frau mit Vogel-Vau.**

Verflixt fertig

Hörst du „Ver" am Anfang vom Wort,
wähle das Vogel-Vau sofort.
Nur bei fertig, Ferse und Ferne
veränd're diese Taktik gerne.

Aus klein wird groß

Durch die genannten Wörter werden die Verben nämlich zu Nomen, sie bekommen einen (versteckten) Begleiter (Artikel), z. B. am = an dem.

> **Nach am, ans, vom, zum und beim**
>
> **schreibe Verben niemals klein.**

SIMSALABIM ...

Hier dreht sich alles um die Vokale. Sie heißen a, e, i, o, u.

... und Sumsalabum,
jetzt wandeln wir die Wörter um.
Vertauscht man a, e, i, o, u,
dann geht es wie beim Zaubern zu:
Die Hand wird zum Hund,
der Mond wird zum Mund,
der Riese zur Rose,
der Hase zur - -
die Jacken jucken,
die Zacken - -
die Großen grüßen,

die Nasen niesen,
Wappen wippen,
Kappen - -
Nacken nicken,
Stecken - -
Seifen saufen,
Reifen - -
Spatz wird Spitz,
Katz wird - -
und Nuss wird nass ...
das macht Spaß!

Irmela Brender

Keine Silbe ohne Vokal!

A – E – I – O – U
Vokale lerne ich im Nu.

A – E – I – O – U
Braucht jede Silbe immerzu.

Trennen, aber richtig

Gekrat-ze, Lakrit-ze,
ich mach keine Wit-ze:
Trenn tz in der Mitte
von zwei Silben, bitte.

Geba-cken, abschi-cken,
du musst das durchblicken:
Am Zeilenende nicht pennen
und ck niemals trennen.

Nach l, m, n, r – das ist klar,

kommt nie tz und nie ck.

l, m, n, r

tz ck

Nimm die Regel mit ins Bett,

nach ei, au, eu steht nie tz.

Schreib es richtig

Vor dem „ß"

Draußen auf der Straße schieß ich
meinen großen Fußball schließlich.
ß kommt – ich hab's nachgeschaut –
nach langem Vokal oder **Doppellaut.**

Seid **ist sein – sei**t **ist Zei**t.

**Das „s" im das, es bleibt allein,
passt dieses, jenes, welches rein.**

Gar nicht wird gar nicht zusammengeschrieben.

Wer nämlich mit h schreibt, ist dämlich.

**Doppelter Mitlaut im Ohr?
Kurzer Selbstlaut davor.**

63

AU – A

Wächter kommt von wach
und Dächer von Dach.
Findest du Verwandte mit a,
überleg und sag dir: Ach ja.
Beim Schreiben ä zu wählen,
kann ich hier sehr empfehlen.

Häuser kommt von Haus
und Mäuschen von Maus.
Findest du Verwandte mit au,
denk nach, denn es ist oberschlau,
beim Schreiben äu zu wählen.
Das wollt ich dir erzählen.

64

Ein schöner Brief vom klugen Adjektiv

Liebes Kind,

ich bin grasgrün und himmelblau,
so wunderschön und bunt.
Und man kann sagen, ich bin schlau,
fit, knackig und gesund.

Schnell, schneller und am schnellsten meist,
das bin ich, das ist klar.
Ich hoffe doch, dass du das weißt:
Im Satz bin ich der Star.

Mal laut, mal still, mal grob, mal fein,
ein Adjektiv kann alles sein!
Ein Langeweiler aber nie –
ach ja: Nach mir fragt man mit WIE.

Auf Wiedersehn, vergiss mich nicht!
Man braucht mich nicht nur im Gedicht.
Es grüßt dich lieb in diesem Brief

Dein allertollstes Adjektiv

Woran erkennst du ein Adjektiv?

Man kann es zusammensetzen.

Man kann es steigern.

Man kann Gegensätze bilden.

Man fragt nach dem Adjektiv mit „Wie ist etwas?"

65

Was das Verb so tut

„Tu was!" ruft das Verb und lacht,

„mach es so wie ich:
laufen, springen, bis es kracht,
das ist ein Klacks für mich."

laufen, springen, krachen –
das sind hier die Verben in
ihrer Grundform.

Die Grundform heißt *Infinitiv:*
gehen, sehen, schlafen.
Wenn's gestern war, dann sagt man brav:
Ich ging, ich sah, ich schlief.

1. Vergangenheitsform = Präteritum

Jetzt kommen wir zum *Konjugieren.*
Ist das denn wirklich Pflicht?
Du kannst es einfach ausprobieren:
Ich will, du willst, wir wollen's nicht!

Konjugieren heißt beugen.
Verben werden im Satz gebeugt.
Die Form hängt davon ab,
wann etwas passiert ist (Zeitform)
und um wen es
im Satz geht (Personalform).

Langeweile? Tu was!

Roll möpse Speise eis Mal stifte Rate spiele Bau klötze Fang körbe Schüttel reime Lösch blätter Schnür senkel Weck gläser Angel ruten Back erbsen Füll hörner Wähl scheiben Zieh federn Zerr spiegel Dreh türen Tritt bretter Kipp schalter Gieß kannen Lese zeichen Fahr spuren Stoß stangen Klammer beutel Lenk stangen Schaukel pferde Puste blumen Kneif zangen

Nora Clormann-Lietz

67

Nomen ganz groß

Bedenk beim Schreiben bloß:
Nomen schreibt man immer groß.
Topf, Stifte – Bücher, Ringe,
manchmal sind Nomen **Dinge.**

Große Nomen? Ja, so geht's!
Beachte dies beim Texten stets!
Hühner, Schlangen – Frösche, Stiere,
manchmal sind Nomen **Tiere.**

Vergiss beim Schreiben möglichst nicht
die Nomen-groß-zu-schreiben-Pflicht!
Elbe, Alpen, Frankfurt, Carmen,
manchmal sind Nomen **Namen.**

Achtung! Unbedingt bedenken:
Nomen am Anfang groß beschenken!
Pomeranzen sind Bitterorangen.
Laub, Veilchen, Pilz, auch Pomeranzen,
manchmal sind Nomen **Pflanzen.**

Dass man Nomen immer großschreibt,
war schon früher so und bleibt.
Bäcker, Eltern, Sohn, Herr Flennschen,
manchmal sind Nomen **Menschen.**

Zum letzten Mal der gute Tipp:
Große Nomen im Heft sind hipp!
Liebe, Kummer, Hunger, Kühle,
manchmal sind Nomen **Gefühle.**

Ein der-die-das begleitet sie;
der Floh, die Uhr, das Urzeitvieh.
Nomen zählen kannst du fast immer:
ein Bett, zwei Betten, ein Floh im Zimmer.

Sei nicht dumm und merk dir bloß,

Nomen schreibt man immer groß.

**Endet ein Wort auf -ung, -heit, -keit, -schaft
oder -nis:**

Die Großschreibung ist dir gewiss.

Krebserei

Ich und du –
Sand im Schuh.
Er, sie, es –
das macht Stress.
Wir und ihr –
Sand mit Tier ...
Da laufen sie –
die kriegst du nie.

Weißt du, wie die
Personalpronomen heißen?
Ich, du, er/sie/es,
wir, ihr, sie.

Ich – du – er – sie – es;

Pronomen lern ich ohne Stress.

Wir – ihr – sie;

vergiss sie nie.

Mit diesem Gedicht wandern die 4 Fälle des Nomens in deinen Kopf.
1. Fall – Nominativ – wer oder was?
2. Fall – Genitiv – wessen?
3. Fall – Dativ – wem?
4. Fall – Akkusativ – wen oder was?
Die Reihenfolge der Fälle kannst du dir mit dem Spruch „Nomen geben damit an" merken.

Detektiv Norman klärt die vier Fälle

Wer oder was hat die Zeitung geklaut?
Der Hund Nomi war's, ich hab nachgeschaut.
Das war mein **1. Fall**.

Wessen Portmonee lag auf dem Pflaster?
Es gehörte Geni – weg war ihr Zaster.
Das war mein **2. Fall**.

Wem gehörte die verdächtige Tasche?
Ach, nur der Dame! Drin war ne Flasche.
Das war mein **3. Fall**.

Wen oder was wollte der Tischler holen?
Seinen Akku-Schrauber, doch der wurde gestohlen.
Das war mein **4. Fall**.

Der Werwolf

Ein Werwolf eines Nachts entwich
von Weib und Kind, und sich begab
an eines Dorfschullehrers Grab
und bat ihn: Bitte, beuge mich!
Der Dorfschulmeister stieg hinauf
auf seines Blechschilds Messingknauf
und sprach zum Wolf, der seine Pfoten
geduldig kreuzte vor dem Toten:
„Der Werwolf", – sprach der gute Mann,
„des Weswolfs" – Genitiv sodann,
„dem Wemwolf" – Dativ, wie man's nennt,
„den Wenwolf" – damit hat's ein End'.

Dem Werwolf schmeichelten die Fälle,
er rollte seine Augenbälle.
Indessen, bat er, füge doch
zur Einzahl auch die Mehrzahl noch!
Der Dorfschulmeister aber musste
gestehn, dass er von ihr nichts wusste.
Zwar Wölfe gäb's in großer Schar,
doch „Wer" gäb's nur im Singular.
Der Wolf erhob sich tränenblind –
er hatte ja doch Weib und Kind!
Doch da er kein Gelehrter eben,
so schied er dankend und ergeben.

Christian Morgenstern

73

Nur ein Märchen?

Was besprechen nach dem Fest die Feen?
Und wer verzaubert schließlich wen?
Welches ist das beste Versteck?
Hör zu und rühr dich nicht vom Fleck.

Von ganz verschiedenen Wesen
kann man im Märchenbuche lesen.
Die einen sind gut, andere bös.
Bauer lebt arm, König pompös.

Es war einmal … man ist sofort
an einem weit entfernten Ort,
hat Stiefeltern oder kocht mit Zwergen,
in Wäldern, Türmen, auch auf Bergen.

Besteht der Held das Abenteuer?
Holt er die Feder aus dem Feuer?
Ihm hilft das Glück, die Fee, sein Mut.
Letztendlich wird dann alles gut.

Am Ende feiern die Guten ein Fest,
an den Fiesen klebt für immer die Pest.
Die Braut wird vom Prinzen geworben,
sind glücklich und bis heut nicht gestorben.

PS:

Einst wurden Märchen nur erzählt,
schließlich gesammelt und ausgewählt,
von den Brüdern Grimm aufgeschrieben
und so sind sie erhalten geblieben.
Jacob und Wilhelm hießen sie,
verfassten die Märchen-Anthologie
„Kinder- und Hausmärchen" in zwei Bänden,
die hält man seit 1812 in den Händen.

Fabelhaft

Ein Fuchs schmeichelt einem Raben?
Das Stückchen Käse möcht er haben.
Der Löwe zeigt sich spendabel?
Na, du liest wohl eine Fabel!

Fabeln erzählen von Stolz, Neid und Gier,
statt des Menschen handelt ein Tier:
ein sturer Kater, der Löwe mächtig,
treuer Hund, das Mäuschen schmächtig.

Große sind listig und selten gerecht,
oft geht's dem Kleinen furchtbar schlecht.
Doch manchmal wendet sich das Blatt
und der Große ist am Ende platt.

Von den Tieren sollst du lernen:
Bleib zu Haus! Greif nicht nach Sternen!
Denn eins fehlt allen Fabeln nicht:
Und zwar die Moral von der Geschicht!

Die Autorinnen

Eva Bade ist Lehrerin und weiß nur zu gut, wie schwer Unterrichtsinhalte manchmal in die Schüler-Köpfe reingehen und auch dadrinbleiben. Deshalb hat sie sich für dieses Buch folgende Merkgedichte ausgedacht:

Jetzt aber mal richtig ...; Von zweien, die sich nie treffen; Treuer Begleiter; Wie Wasser sein kann; Was Luft alles kann, Was Feuer braucht; Schiffsschau; Rekorde in Deutschland; Was wir ändern müssen ...; Bundesländer-Limericks; Acht-und-vierzig; Die schlimmste Aufgabe; Quitt mit dem Q; Nomen ganz groß; Verflixt fertig; Trennen, aber richtig; Au-A; Detekiv Norman klärt die vier Fälle; Nur ein Märchen?; Fabelhaft

Cordula Thörner lebt mit ihrer Familie in Hamburg. Hier schreibt sie Sachbücher und Beschäftigungs-Bücher für Kinder. Sie weiß, wie man Dinge einfach und mit viel Spaß erklärt. Von ihr stammen diese schlauen Gedichte:

Wie man ein Schmetterling wird; Ziehen oder bleiben?; Schweinerei; Tierfamilien; Kroko-gator? Alli-dil; Bärenjahr; Die Jahreszeiten; Erst K, dann a, dann i; UN-Sinn; Die Streicher; Schlechte Laune; Ihr müsst üben; Was ist das für ein Tasten-kasten?; Schlaginstrumente; Die Addition; Die Subtraktion; Die Multiplikation; Die Division; Ein schöner Brief vom klugen Adjektiv; Was das Verb so tut; Krebserei

Weiterhin danken wir den folgenden Autoren und Verlagen für ihre freundlichen Abdruckgenehmigungen:

Irmela Brender für *Simsalabim* © bei der Autorin

Georg Bydlinski für *Die Krötenstraße* © beim Autor, www.georg-bydlinski.at

Nora Clormann-Lietz für *Langeweile? Tu was!* © bei der Autorin

Dem Beltz und Gelberg Verlag für:
Die Tulpe, Der Kastanienbaum, Der Maikäfer, ABC, Der Regenbogen
aus: Josef Guggenmos, *Was denkt die Maus am Donnerstag?*
© 1998 Beltz & Gelberg in der Verlagsgruppe Beltz · Weinheim Basel
Verblühter Löwenzahn aus: Josef Guggenmos, *Ich will dir was verraten*
© 1992 Beltz & Gelberg in der Verlagsgruppe Beltz · Weinheim Basel
Wem tut kein Zahn weh? aus: Josef Guggenmos, *Groß ist die Welt*
© 2006 Beltz & Gelberg in der Verlagsgruppe Beltz · Weinheim Basel

Der Verlagsgruppe Randomhouse für:
Ameisenkinder, Das Wasser aus: James Krüss, *Der wohltemperierte Leierkasten*
© cbj, München 2013

Ein Fremdling unseres Alphabets
aus: James Krüss, *Von Anfang bis Zebra* © Carlsen Verlag, Hamburg 2011

Dem Bildungshaus Schulbuchverlage Westermann Schroedel Diesterweg Schöningh Winklers GmbH für:
Carmen Nickel-Hammer, *Der i-Wort-Rap* zum Auswendiglernen aus: *PAPIERTIGER* Sprachlesebuch 3, S. 131 © Bildungshaus Schulbuchverlage Westermann Schroedel Diesterweg Schöningh Winklers GmbH, Braunschweig 2006, verlage.westermann-gruppe.de/diesterweg

Dem Verlag Friedrich Oetinger für :
Das Z gehört zum Alphabet aus: Paul Maar, *JAguar und NEINguar,*
Gedichte von Paul Maar © Verlag Friedrich Oetinger, Hamburg 2007

Hans Manz:
Zahlenre4e Kleiner Streit © beim Autor

Register

FSC
www.fsc.org
MIX
Papier aus verantwortungsvollen Quellen
FSC® C002795

© 2016 Carlsen Verlag GmbH, Völckersstraße 14 – 20, 22765 Hamburg
Text: Eva Bade, Cordula Thörner, Illustration: Meike Haberstock
Umschlaggestaltung: Nicole Boehringer, Melbourne
Redaktion: Caroline Jacobi, Herstellung und Gestaltung: Constanze Hinz
ISBN 978-3-551-25031-5